# 자폐아동을 위한 사회성 이야기 그림책

의사소통과 놀이, 감정 가르치기

# 자폐아동을 위한 사회성 이야기 그림책

## 의사소통과 놀이, 감정 가르치기

제드 베이커 지음 | 이정미 옮김

Σ 시그마프레스

# 자폐아동을 위한 사회성 이야기 그림책
## 의사소통과 놀이, 감정 가르치기

발행일 | 2008년 9월 25일 1쇄 발행

저자 | Jed Baker
역자 | 이정미
발행인 | 강학경
발행처 | **(주)시그마프레스**
편집 | 홍선희
교정 · 교열 | 박민정

등록번호 | 제10-2642호
주소 | 서울특별시 마포구 성산동 210-13 한성빌딩 5층
전자우편 | sigma@spress.co.kr
홈페이지 | http://www.sigmapress.co.kr
전화 | (02)323-4845~7(영업부), (02)323-0658~9(편집부)
팩스 | (02)323-4197

인쇄 | 자윤프린팅 제본 | 세림제책

ISBN | 978-89-5832-449-2

**THE SOCIAL SKILLS PICTURE BOOK**
**Teaching play, emotion, and communication to children with autism**



*책값은 책 뒤표지에 있습니다.

우리가 무엇을 가르쳐야 하고 어떻게 이해해야 하는지를
깨우쳐 준 여러 학생과 부모님들에게 이 책을 바칩니다.
그들에게 보답하기 위하여 이 책의 성과를
Northern Valley Regional High School 교육청의
Valley 프로그램으로 전환할 것입니다.

# 감사의 글

먼저, 이 책의 그림을 그리는 데 참여한 모든 아이들과 그 가족들에게 감사드린다. 그리고 특히 Northern Valley Regional High School 교육청에서 그림을 그리는 두 분을 소개하고자 한다. 특수교육 책임자인 존 맥케온은 학생들을 도울 수 있는 모든 창의적인 계획에 커다란 지원과 격려를 해 주었다. 또한 행동 전문가인 엘렌 도일은 학생들을 위해 보다 시각적인 학습 도구의 필요성을 제안하여 이 과제를 수행할 수 있게 해 주었다.

그림으로 내용을 명확하게 표현하고 체계화할 수 있게 도와준 편집자 베로니카에게도 감사드린다.

마지막으로 끊임없이 유머의 중요성을 알려 주고 모든 일을 즐겁게 하라는 특별한 교훈을 준 아내 베스와 아이들, 제이크와 린지에게도 감사의 말을 전한다.

# 역자 서문

현장에서 일하는 교사들 대부분은 자폐장애 혹은 자폐적 성향이 있는 아동들이 말과 그림, 말과 실물이 함께 제시될 때 더 쉽게 배운다는 것을 알고 있다. 개별 아동에게 필요한 자료를 모두 그림과 사진으로 제시하기에는 아직 우리나라 장애 아동 보육 · 교육 기관의 여러 조건이 충분히 갖추어지지 않았다.

이 책을 번역한 이유는 책 내용이 매우 새롭거나 창의적이기 때문만은 아니다. 이렇게 사진 몇 장만으로도 충분히 훌륭한 교육 도구를 만들 수 있다는 것을 현장 교사들에게 보여 주고 싶었기 때문이다. 책에 있는 사진이나 설명, 대사가 모두 우리에게 적합하지는 않지만, 개별 아동에게 딱 맞는 말이나 그림을 생각해 내는 데 참고하기에는 충분하리라 생각한다.

현장에 있을 때는 쉬고 싶었는데 지금은 아이들이 그립다. 온종일 부산하고 더할 수 없이 산만하게 지냈지만, 그때는 많은 것이 정리되어 있고 명확하였다. 지금은 모든 것이 희미하고 막연하다. 다시 시작해야 할 때가 된 것 같다.

어둡고 추운 2008년 여름을 맞이하며

이정미

# CONTENTS

## PART ONE



## PART TWO

# PART ONE

# 자폐증의 특성

## 간략하게 살펴보기

자폐증은 감각, 인지, 운동, 언어, 사회 · 정서적 발달에 걸쳐 나타나는 광범위한 증상을 설명하는 용어이다. 현재 자폐증은 사회적 상호작용과 의사소통, 반복적이고 의례적인 행동 등 세 가지 영역의 장애를 진단 기준으로 한다(미국 정신의학회, 1994).

사회적 상호작용과 관련한 문제는 의사소통이나 놀이를 시도하거나 반응하는 데 어려움이 있고, 비언어적 몸짓(물건 가리키기)을 사용하거나 반응하는 데 장애가 있으며, 눈 맞춤을 잘하지 않거나 길게 하지 않고, 다른 사람의 감정에 잘 반응하지 못하며, 또래 관계를 발전시키지 못하는 것 등이다. 자폐 아동은 사회적 상황에서 어떤 행동이나 말을 해야 하는지 이해하기가 무척 힘들다.

의사소통 문제는 실용적이고 문법적이며 구조적인 언어 발달의 장애를 말한다. 실용적 언어는 언어를 사회적으로 사용하는 것으로 의사소통을 유지하거나 시도하는 것을 의미한다. 예를 들면, 자폐증이 있는 사람들 중 일부는 언어로 자신을 표현하는 데 완벽해 보이지만, 사실 그들은 다른 사람의 말이나 행동을 고려하지 않고 TV 쇼에 나온 문장을 외워서 말하는 것이다. 자폐증이 있는 많은 사람들은 추상적 단어나 속담에 나오는 단어의 의미를 이해하지 못한다. 예를 들어, 그들은 "가방에서 고양이를 꺼내지 말라."는 속담을 놀라지 말라는 뜻으로 받아들이지 않고, 가방에 고양이가 있다고 생각할지 모른다. 또한 그들은 문법을 이해하고 구문을 사용하는 데 어려움이 있어서 문법적으로 바른 문장 구조를 이해하고 사용하는 것이 쉽지 않다.

자폐 아동은 관심을 보이는 대상이 한정되어 있고, 똑같은 동작을 반복하며, 자기만의 의례적인 규칙을 갖고 있다. 자폐 아동은 새로운 것을 받아들이지 않으려고 특별한 영역에만 관심과 흥미를 보이기도 한다. 예를 들면, 진공청소기에 푹 빠진 어떤 아이는 진공청소기 외에는 관심을 보이지 않았다. 자폐증이 있는 사람들은 목적 없이 일정한 순서로 행동을 반복하므로 신기해 보일 수도 있다. 어떤 아이는 대소변을 가리기 전에 집에 천사 그림을 걸었다. 또 어떤 아이는 장난감 블록, 문자 혹은 숫자를 독특한 방법으로 줄 세우기를 반복했다. 이러한 자폐 아동들은 생활에 변화가 있을 때 매우 흥분하거나 불안해한다. 같은 구문을 계속 반복해서 말하거나 손 흔들기, 구르기, 빙빙 돌기 같은 동작을 반복하기도 한다.

자폐증은 세 가지 핵심 영역(사회적 상호작용, 의사소통, 반복적 행동)에 장애가 있다. 그러나 한두 가지 영역에 장애가 나타나는 경우도 있다. 세 가지 영역에 걸쳐 증상이 다양하게 나타나므로 연구자들과 임상가들은 '자폐 스펙트럼 장애'라고 부르기도 한다. 자폐 스펙트럼 장애에는 자폐증(과 고기능 자폐증), 아스퍼거 증후군, 달리 분류되지 않은 전반적 발달장애(사회적 상호작용에 문제가 있고 반복적인 행동을 하여 자폐 스펙트럼 장애의 범주에는 해당되지만 자폐증이나 지체 또는 영재와 같이 특정한 장애에 속하지 않음)가 포함된다. 예를 들어, 아스퍼거 증후군이 있는 사람들은 지적 발달이 평균 혹은 그 이상에 속하고 언어 사용에 문제가 거의 없거나 매우 적지만, 사회적 상호작용에 장애가 있고 동일한 행동을 반복한다.

자폐 스펙트럼 장애에는 지적 기능과 증상이 다양한 사람들이 속하므로 연구자들은 장애의 핵심 문제에 관해 연구하였다. 그중 가장 관심을 끈 세 가지 이론은 다음과 같다.

- Frith(1989)는 자폐장애가 있는 사람들은 일반적으로 사회적 상황에서 언어와 사회적 · 정서적인 메시지를 한꺼번에 통합하는 능력에 결함이 있다고 보고하였다. 그들은 모든 정보를 적절하게 조직화하고 이해하는 기능을 담당하는 신경학적 기능에 문제가 있다. 사회적 상황에는 다양한 자극이 있으므로 자폐장애가 있는 사람들은 어떤 일이 일어나는지 혹은 어떻게 반응해야 하는지 알지 못하는 것이다. 대신에 그들은 자극의 일부분에 집중하므로 반복적이고 비전형적인 사회적 행동을 한다.
- Baron-Cohen(1995)은 핵심 문제를 다른 사람의 감정과 사고를 이해할 수 없는 것, 마음 이론으로 설명했다. 자폐장애가 있는 사람들은 다른 사람의 관점을 이해하는 데 어려움이 있다.
- Hobson(1996)은 자폐장애가 있는 사람은 정서적 표현을 이해하고 인식하는 데 문제가 있다고 하였다. 따라서 다른 사람과 관점을 공유해야 하는 사회적 상호작용에 문제가 있다.

위의 세 가지 이론은 적절한 것으로 알려져 있다. Baron-Cohen과 Hobson은 자폐장애가 있는 사람들은 쉽게 감정을 이입하거나 다른 사람의 관점을 이해할 수 없다고 보고하였다. Frith는 그 이유를, 자폐장애가 있는 사람은 사회적 상황에서 일어나는 일과 관련 정보를 동시에 통합하지 못하므로 다른 사람의 감정이나 생각을 이해하지 못하기 때문이라고 설명했다. 다른 사람의 관점을 이해하기 위해서는 그 사람에게 일어나는 일과 그 사람에 대한 정보(최근 경험과 기호)를 동시에 통합할 수 있어야 한다.

사회성 기술은 다른 사람의 관점을 이해하고 수용하는 능력이 매우 중요하다. 예를 들어, 어떤 사람을 만났을 때 인사를 하는 이유는 인사를 하지 않고 무시했을 때의 상대방의 생각이나 느낌을 알기 때문이다. 그리고 다른 사람의 관점을 이해할 때 말하는 것을 중단하고, 순서를 지키고, 다른 사람의 시도에 반응하고 양보하며, 도와주어야 할 때를 자연스럽게 알게 된다. 그러나 자폐장애가 있는 사람은 이러한 사회성 기술을 자연스럽게 습득하지 못하고, 구체적으로 하나씩 배워야만 한다. 이 책은 사회적 상황을 여러 개로 나누고 개별 상황에 적합한 사회성 기술을 제시하였다.

### 자폐 스펙트럼 장애 아동을 가르칠 때 시각적 지원의 중요성

자폐장애가 있는 사람들은 종종 언어로만 설명이 주어질 때 원활하게 학습하지 못한다. 앞서 살펴보았듯이, 자폐장애를 가진 사람들 중 대다수는 언어 자체를 이해하는 데 장애가 있다. 단어를 잘 이해하는 사람도 과제를 수행하기 위해서는 과제에 집중해야 하는데, 자신의 관심 분야에만 집중하여 문제가 된다. 시각적 지원을 이용하는 것은 자폐 아동이 조직화한 것을 이해하는 능력(예 : Quill, 1995)에 장점이 있기 때문이다. 장애가 없는 대다수 학생들도 시각적 지원이 언어적 설명을 보충하므로 도움을 받는다. 이는 시각적 그림이 ① 추상적인 개념을 보다 구체적으로 만들고, ② 학생들이 집중하지 않아서 청각적 정보를 놓치더라도 오랜 시간에 걸쳐 남아 있으며, ③ 집중할 수 있는 더 강력한 수단을 제공하기 때문이다.

이 책은 사회성 기술을 가르치기 위하여 시각적 전략을 사용한다. 그림은 '일반' 학생들에게도 도움이 되겠지만, 특히 청각/언어적 정보처리, 추상적 사고, 주의를 집중하는 데 어려움이 있는 아동들에게 도움이 될 것이다. 따라서 자폐 아동, 주의력 결핍/과잉행동 장애, 학습장애 아동들이 도움을 받을 수 있다.

# 사회성 기술 가르치기

자폐 아동이 무시하는 사회적 정보를 명확하게 만들어 다른 사람의 관점을 이해할 수 있도록 도와주는 방법은 수없이 많다. 다음은 자폐 아동에게 사회성 기술을 가르치기 위해 사용하는 방법이다. 이러한 방법들은 그림책 혹은 모델링 같은 시각적 지원과 언어를 동시에 이용한다.

## 하나씩 가르치기

이 접근법은 기본적인 언어, 학습 기술과 초보적인 사회성 기술을 가르칠 때 사용한다. 이는 매우 개별화된 방법으로 종종 물리적 촉구를 사용하므로 아동의 언어 능력과 상관없이 사용할 수 있다. 하나씩 나누어 가르치기는 단서, 촉구, 행동, 강화로 구성된다. 예를 들면, 어린 아동에게 눈 맞춤을 가르치기 위해 교사가 자신의 눈을 가리키며 "여기 보자."라는 단서를 사용한다. 촉구는 아동이 교사를 보도록 교사가 아동의 머리를 만지는 행위이다. 행동은 아동이 교사를 보거나 다른 곳을 보는 것이고, 강화는 아동이 교사를 볼 때만 주어진다.

## 우연적 교수

'우연' 이란 용어는 어린 아동에게 사회적 상황에 관해 가르칠 때 구조화되지 않은 일이 일어나는 것을 의미한다. 이 방법의 목표는 사회적 환경을 충분히 제공하여 아동이 사회적 단서와 규칙을 이해할 수 있도록 지원하는 것이다. 이 방법은 구조화되지 않은 의사소통과 놀이 시간에 유용하다.

일부 아동은 우연적 교수를 매우 구체적으로 제공받는다. 시각적 지원(예 : 게임을 할 때 순서를 알려 주기 위해 순서 카드 사용하기)이나 물리적 촉구(예 : 순서를 알려 주기 위해 어깨 두드리기)가 빈번하게 사용된다. 또한 우연적 교수는 매우 구체적으로 사용할 수 있다. 예를 들어, 한 아동이 쉬지 않고 전구에 관해 이야기하여 또래가 힘들어하면 그 아동에게, "봐, 다른 친구들이 하품을 하고 몸을 꼬고 있어. 너는 지금 친구들의 기분이 어떨 거라고 생각하니? 친구들에게 네 말을 더 듣고 싶은지 물어볼래?" 라고 말할 수 있다. 우연적 교수와 대조적으로 우리는 그림 자료를 이용하여 '다른 사람이 재미있게 들을 수 있도록 짧게 말하기' 를 교재로 사용할 수 있다.

### 인지적 그림 연습

이 방법은 만화 같은 그림과 긍정적 강화 원칙을 결합한 것이다(Groden & Lavasseur, 1995). 인지적 그림 연습은 세 가지 내용—문제 상황의 선행 사건, 목표 행동, 긍정적 강화—을 항상 그림이나 사진으로 보여 준다. 카드에 그림을 그리고, 각 카드 뒷장에 사건의 순서를 짧게 설명한다. 카드에 그려진 행동을 반복할 수 있을 때까지 아동은 카드를 본다. 그리고 문제 상황에 들어가기에 앞서 그림을 다시 본다.

일반적인 사회성 기술을 가르치기 위한 방법과 달리, 인지적 그림 연습은 특정한 문제 상황에 사용된다. 예를 들어, 7세 반에 울음 소리가 날 때마다 거리로 달려 나가는 아이가 있었다. 우리는 그 아이에게 다른 아이가 우는 그림(선행 사건)을 그려 주고, 손으로 귀를 막고 조용한 곳으로 가면(바람직한 행동), 수업이 끝날 때 놀이를 하고 간식(강화)를 주는 그림을 보여 주었다. 그 아이의 엄마는 잠자기 전과 수업을 시작하기 직전에 카드를 읽어 주었다. 놀랍게도 그 아이는 거리로 달려 나가지 않았다.

### 사회성 이야기란 무엇인가?

Gray 등(1993)이 발달시킨 사회성 이야기는 아동에게 어떤 상황이 문제가 되는지를 알려 주기 위한 것이다. 이 방법은 특정한 일이 왜 일어나며, 사람들이 그 상황에서 어떤 생각을 하고 어떤 감정을 느끼는지 설명해 준다. 사회성 이야기는 직접적인 표현을 통해 (그 상황에서 무엇을 하는지) 그 상황에서 일어나는 일을 아동에게 이해시킨다.

인지적 그림 연습같이 사회성 이야기는 아동이 잘 이해할 때까지 반복해서 읽고, 문제 상황 직전에 다시 읽는다. 나는 이 전략을 놀림을 받지 않는데도 놀림을 당한다고 느끼는 자폐 스펙트럼 장애 아동에게 적용하였다. 친구들이 정말 자신을 놀리는지(다른 아이가 그 아이를 직접 쳐다보며 비난했는지) 확인시켜 주었다. 사회성 이야기는 사람들이 어떻게 생각하고 행동하는지를 설명할 때 가장 효과적이다.

### 구조화된 학습

이 용어는 Goldstein 등이 〈Skills Streaming〉 시리즈에서 사용하였다(McGinnis & Goldstein, 1997). 구조화된 학습은 설명, 모델링, 피드백이 있는 역할놀이, 집단 내외에서의 연습 등 네 가지 요소로 구성된다.

〈Skills Streaming〉 시리즈는 재치 있는 훌륭한 교수 기법으로 아동이 이미 습득한 기술을 일반화하는 데 매우 유용하다. 언어 표현이 적으므로 어린 자폐 스펙트럼 장애 아동에게 적합하다.

이 접근 방법은 언어적 교수를 사용하여 집중을 유도하며, 추상적인 내용이 아니다. 이 책을 구조화된 학습 방법과 함께 사용하면 효과적일 것이다.

# 사회성 이야기 그림책에 관하여

## 사회성 기술 그림 이야기란 무엇인가?

이 책은 먼저 아동에게 단계적으로 다양한 사회성 기술을 보여 준다. 개별 사회성 기술은 만화처럼 구성되어, 실제 아동이 이 기술을 사용할 때 쓸 수 있는 것—말과 생각—을 보여 주기 위해 만화를 조금 변형한 것이다. 또한 학습을 증진시키기 위해 교재를 활용하는 옳은(때로 그른) 방법을 소개한다.

자폐 아동이 공통적으로 가지고 있는 약점을 보완하기 위해 만화와 같을 그림을 사용한다. 따라서 자폐 아동은 사회적 상황에서 무슨 말을 하고 어떻게 행동해야 하는지 명확하게 알 수 있다. 자폐 아동은 시각적 정보를 잘 처리하므로 그림을 이용하여 자폐 아동의 관심을 유도하고 상황을 이해시킬 수 있다.

이 책을 읽는 것만으로 기술을 습득할 수는 없다. 아동이 기술을 처음 습득할 때 이 책은 유용한 도구가 되지만, 기술은 실제 상황에서 연습을 해야 한다. 아동이 특정한 상황에서 어떤 기술을 사용하는 것이 교육 목표라면, 아동이 그 상황에서 여러 번 연습하는 것이 중요하다. 그러나 아동이 기술을 연습하기 위해서는 자기 행동의 의미를 알아야 한다. 이 책은 특정 상황을 아동이 이해할 수 있도록 도와주는 수단으로, 아동이 책에서 배운 기술을 적절하게 사용하는 것이 중요하다. 따라서 아동은 가정과 학교, 쉬는 시간 혹은 지역사회에서 이 책을 사용할 수 있고 독립성을 증진시킬 수 있다.

이 책은 자폐 아동에게 ① 행동의 긍정적인 결과와 ② 그들의 행동을 사람들이 어떻게 생각하고 느끼는지를 보여 준다.

## 누가 사회성 이야기 그림책을 사용하는가?

이 책은 아동의 주의를 집중시키고 추상적 기술을 보다 구체적인 단계로 나누어 놓아 '일반' 아동들에게 매우 유용하다. 또한 청각/언어 정보처리 과정, 추상적 사고 혹은 집중을 유지하는 데 어려움이 있는 어린 아동에게도 도움이 된다. 자폐 스펙트럼 장애와 주의력 결핍/과잉행동 장애, 학습장애 아동도 도움을 받을 수 있다.

이 책을 사용하는 데에는 연령 제한이 없지만 그림 때문에 사춘기 이전의 아동에게 적합하다. 성인과 아동의 연령에 맞추어 개별적인 그림책을 만들 수 있다('일인용 사회성 그림책 만들기' 참조).

## 이 책의 사용 방법

이 책은 네 단계 — ① 초기 교수, ② 역할놀이 기술, ③ 기술 수정, ④ 일반화 — 로 구성되어 있다. 처음 세 단계는 여러 번 연속하여 반복할 수 있으며, Goldstein 등의 〈Skills Streaming〉 시리즈의 '구조화된 학습' 단계와 매우 유사하다(McGinnis & Goldstein, 1997). 구조화된 학습은 네 가지 내용 — 직접 교수(기술에 대한 설명), 모델링, 강화를 받는 역할놀이, 일반화 — 을 위한 연습으로 이루어졌다. 차이점은 직접 교수와 모델링 단계가 사회성 기술을 위한 그림책 사용으로 대치된 것이다. 이 책을 이용하면 언어적 교수와 교사의 모델링에 대한 아동의 의존도를 줄일 수 있다.

## 초기 교수

초기 교수는 아동이 특정한 기술을 이해하거나 습득할 때까지 교사(보조자 혹은 부모)가 도와준다. 대부분의 기술은 차례가 있다. 아동의 발달 수준을 고려하여 교사가 아동과 함께 내용을 읽을 수 있다. 예를 들면, 수용 언어 능력이 매우 지체된 어린 아동은 이 단계를 매우 힘들어하거나 지겨워할 수도 있으므로 생략할 수 있다. 교사는 아동에게 그림을 보여 주고 순서대로 읽어 가면서 그 사람이 무엇을 생각하고 느끼는지 설명한다.

이 책은 언어를 반복해서 사용하여 아동이 쉽게 학습할 수 있도록 구성되어 있고, 여러 번 반복되지만 계속 집중할 만큼 재미있다. 교사는 매 쪽마다 소개될 기술에 대하여 여러 번 설명하고, 어떤 일이 일어날 것인지 아동에게 물어본다. 교사는 "무슨 일이 일어나고 있니? 무슨 일이 먼저 일어나지? 기분이 어때? 그가 뭐라고 말해? 다음에 무슨 일이 일어날까?"와 같은 질문을 할 수 있다. 어떤 일이 일어나는지 설명하지 못하는 아동은 지난 그림을 보여 달라고 요청할 수 있다(예 : "눈 맞추고 있는 그림을 보여 주실래요? 이제 잠시 기다리는 곳을 보여 주세요. '실례합니다.' 라고 말하면 될까요, 안 될까요?")

## 기술을 알려 주기 위해 '잘못된 방법'을 가르쳐야 하는가?

기술을 명확히 정의하기 위해 '잘못된 방법'을 다양하게 보여 준다. 개별 아동의 개성과 특성을 고려하여, 교사는 잘못된 방법은 보여 주지 않거나 설명을 생략하고 기술을 적절하게 사용하는 것만 강조할 수 있다. 특정한 기술을 생략할 때는 잘못된 방법을 보여 주지 않는다. 잘못된 방법을 본 아동이 그 행동을 재미있어 하거나 다른 사람이 재미있어 하므로 그 행동을 반복하는 등 부적절한 행동을 할 수 있기 때문이다. 잘못된 행동을 보여 주는 이유는 ① 어떤 기술을 사용하는 적절한 방법과 잘못된 방법을 모두 보여 주어 아동이 기술을 보다 정확하게 이해할 수 있고, ② 역할놀이를 할 때 아동이 이미 잘못된 행동을 알고 있으므로 실수를 적게 할 수 있기 때문이다.

가장 기본이 되는 내용은 '잘하는 것'이다. '엉뚱한 데' 집중을 하는 아동은 역할놀이에서 잘못된 행동을 해 보는 것이 적절하지 않을 수 있다.

### 역할놀이 기술

연습 단계에서 아동은 올바른 순서로 행동을 해야 한다. 교사는 아동이 책에 있는 방법으로 행동하는지 살펴보고, 아동에게 단계에 맞게 역할놀이를 하라고 촉구한다. 역할놀이는 교사 한두 명이 아동 두 명과 하는 것이 좋다. 교사는 점차 역할놀이에 직접 참여하는 것을 피하고 아동이 행동을 습득하는 것을 도와주는 코치 역할을 한다.

역할놀이는 책에 있는 것과 동일한 상황에서 시작하여 아동의 일상생활과 비슷하게 상황을 변경한다.

### 기술/정확한 피드백 제공하기

아동의 행동을 확인하고 칭찬한다. 아동이 잘못한 행동에 대해서 말하지 않도록 한다. 대신 그림을 보여 주고, "이 단계에서 네가 좀 더 잘하면 좋겠어."와 같이 말한다. 필요한 경우 모델이 되어 행동을 해 보인다. 아동이 각 단계를 정확하게 수행할 때까지 계속해서 연습하고 잘못된 행동에 대해 피드백을 준다.

특정한 기술을 가르치는 과정—각 단계를 보여 주고, 역할놀이를 하고, 잘못한 행동을 지적하는 것—은 아동이 교사의 촉구 없이 잘 수행할 때까지 반복한다. 그런 다음 일반화를 시작한다.

### 기술의 일반화

일반화는 적절한 상황에서 여러 차례 기술을 수행하는 것이다. 기술을 일반화하기 위해서는 ① 기술을 수행할 수 있는 다양한 기회, ② 촉구, 재지시, 혹은 기술 사용을 자극하는 유혹, ③ 동기 등이 필요하다.

학교에서 기술을 사용할 기회를 만들 수도 있고, 일과 중에 자연스럽게 기회가 생기기도 한다. 예를 들면, '보여 주고 말하기' 시간이나 점심시간, 혹은 집단 활동 시간에 매번 의사소통 기술을 사용할 수 있고, 놀이 기술은 '자유 놀이 시간' 에 사용할 수 있다. 집에서도 이러한 기술을 계획적으로 혹은 우연히 사용할 수 있으며, 가족과 의사소통을 하면서 기술을 연습할 수 있다.

아동이 기술을 일반화하기 시작하면 일관성을 유지하는 것이 중요하다. 주요 양육자는 아동이 특정한 기술을 사용하고 그 기술을 여러 상황에 걸쳐 일관되게 사용하도록 촉구하며 피드백을 제공한다.

# 일인용 사회성 그림책 만들기

## 고려해야 할 것

끊임없이 사회적 반응을 달리해야 하는 상황에서 한 개인에게 필요한 기술들을 모두 모을 수는 없다. 따라서 가장 융통성 있게 특정한 사회적 상황을 표현할 수 있도록 한 사람만을 위한 사회성 그림책을 만들 필요가 있다.

사진과 컴퓨터를 사용하여 그린 그림 등으로 새로운 사회성 이야기책을 만드는 데 아동이 적극적으로 참여할 수 있다. 그림을 그리는 기술을 배우면 더 유용하다. 아동은 그림을 주고받으며 역할놀이를 할 수 있고, 보다 오래 집중할 수 있으며, 자기 사진을 이용하여 책을 만드는 과정에 참여할 수 있다.

일인용 그림책을 만들 때는 다음 네 가지를 고려해야 한다— ① 목표 기술, ② 기술 분석, ③ 가르치고 싶은 지각, 사고, 혹은 감정, ④ 책을 만드는 방법.

### 1. 목표 기술 정의하기

부모, 교사 혹은 아동은 특정 기술을 목표로 선정할 수 있다. 개별화된 기술은 이 책에 나온 20가지 기술 중 하나일 수도 있고, 아동이 문제 행동을 보이는 특별한 상황에 기초하여 새로운 기술을 발달시킬 수도 있다. 때로는 옳지 못한 행동이 배워야 할 행동의 단서가 되기도 한다. 아동이 이러한 행동을 할 때, "왜 혹은 무엇 때문에 그 행동을 할까?" 진지하게 고민해 본다. 행동 목표를 설계하는 과정을 기능적 사정이라고 한다(Durand, 1990).

흔히 문제 행동의 목표는 다음과 같다.

- 과제에서 벗어나기
- 관심 끌기
- 자기 자극 행동 하기
- 확실한 보상 요구하기
- 엉뚱한 곳에 화풀이하기
- 보복하기

잘못된 행동을 하는 목표가 무엇이든, 문제를 해결하기 위한 효과적인 전략은 아동이 원하는 보상이나 반응을 얻을 수 있는 보다 적절한 방법을 가르치는 것이다. 적절한 대체 행동이 새로운 사회성 그림책의 목표가 될 수 있다. 각 행동의 목표를 가르치기 위한 적절한 기술은 다음과 같다.

| 기능 | 부적절한 행동 | 목표 기술 |
| --- | --- | --- |
| 회피 | 짜증 부리기, 신체적 혹은 언어적 공격 행동 하기, 거절 · 거부하기 | 휴식 요청하기, 더 오랜 시간 요청하기, 과제를 더 쉽게 하기 위해 도움 요청하기, 어려운 것 시도하기, 실수에 대처하기 |
| 관심 유도 | 괴롭히기, 이상한 소리 내기, 부적절한 농담이나 말 하기, 아프다고 불평하기 | 의사소통이나 놀이 시도하기, 의사소통이나 놀이에 참여하기, 도움 청하기, 다른 사람에게 어떤 것을 보여 주거나 물어보기 |
| 자기 자극 | 구르기, 손 흔들기, 빙빙 돌기 | 덜 심한 방법으로 자기 자극 행동 하기, 다른 방법으로 휴식이나 위안 받기 |
| 확실한 보상 | 장난감 때문에 짜증 부리기, 보상이 주어질 때까지 아무것도 안 하기 | 원하는 것을 참기 혹은 거절 수용하기, 협상 기술 익히기 |
| 화풀이 | 엉뚱한 사람에 대해 언어적 · 신체적으로 공격하기, 지시 거부하기 | 화가 난 이유 찾기(소리 지르기 또는 꾸짖기), 행동으로 표출하기보다 감정 표현하는 방법 배우기 |
| 보복 | 뒤에서 놀리기, 뒤에서 때리기, 화나게 한 사람 물건 훔치기 | 감정을 인식하고 적절하게 표현하기("나는 ________때 ________래서 기분이 ________."와 같이 긍정적으로 감정 표현하기), 누군가에게 그만 하라고 말하기, 무시하기, 어른에게 말씀드리기 |

### 2. 과제 분석

과제 분석은 특정 행동을 더 작은 단계로 나누는 것을 의미한다. 아동마다 과제 분석하는 방법이 다를 수 있다. 행동을 너무 세세하게 나누면 배우기가 성가실 수 있다. 그러나 단계를 잘 나누지 않으면 아동이 기술을 배우기가 어렵다. 보기에서 본 것처럼, '칭찬'을 가르치면서 '그 사람이 보여 주는 좋은 모습에 대해 말하라'라는 단계를 생각한다. 몇몇 아동들은 '좋은 모습'을 알지만, 다른 아동은 단계를 더 세분해야 한다. 우리는 "나는 ____을 좋아해."와 "너의 ______이 좋아 보여."라는 구문을 이용하여 '좋은 행동 말하기'를 가르치기 위해 잠정적으로 단계를 설정할 수 있다. 아동이 현재 배우는 단계를 이해하는지, 그렇지 못한지를 살핀다. 아동이 기술을 습득하지 못하거나 단계를 이해하지 못하면 내용을 더 세분해야 한다.

### 3. 지각, 사고와 감정

사회성 그림책을 만드는 데 지각을 포함시키는 것이 중요하다. 아동이 특정한 행동을 하는 이유를 더 잘 이해할수록 다른 사람들의 생각과 감정을 더 깊이 이해할 수 있기 때문이다. 아동이 특정한 행동을 할 때 효과를 명확하게 보여 주는 것이 중요한데, 이는 다른 사람의 기분이 좋아지고, 아동이 원하는 것을 주거나 다시 놀아 주는 이유를 알려 준다. 예를 들면, '거절 받아들이기'는 아동이 거부당한 것을 수용할 때 다른 사람의 기분이 좋아지고 나중에 원하는 것을 얻을 수 있다는 것을 보여 준다. 혹은 '패배 받아들이기'는 아동이 게임에서 졌을 때 화를 내지 않는다면 다른 사람의 기분이 좋아지고 다시 놀 수 있다는 것을 보여 준다.

#### 4. 사회성 기술 그림 이야기 배치

그림 이야기를 만드는 방법은 여러 가지이다. 한 가지 기술을 선정하고 이에 대해 설명한 다음, 말을 가르치고 필요한 그림과 단계를 도식화한다. 최대한 아동을 주인공으로 한다. 사진을 찍기 전에 각 단계에서 해야 할 행동을 시연한다. 이 책에서는 디지털 카메라로 찍은 사진 위에 파워포인트로 말풍선과 글을 넣었다. 사진 소프트웨어나 컴퓨터 출력기 등을 이용할 수도 있다. 또한 일반 카메라로 찍은 사진을 종이에 붙일 수도 있다. 그런 다음 색종이에 말풍선과 대사를 손으로 쓰거나 입력하여 붙인다. 말로 하는 것과 생각을 나타내는 것을 각각 다른 색깔로 표시하여 아동이 혼란스럽지 않게 한다. 아동은 사진을 찍기 위해 자세를 취하고, 사진을 자르고 붙이며 말풍선을 배치하는 데 참여할 수 있다. 아동과 사진을 올바른 순서대로 연결하기 게임을 하면 각 단계를 더 잘 이해할 수 있게 된다.

가장 중요한 것은, 새로운 사회성 기술 그림 이야기를 만드는 것—아동과 함께 혹은 따로—이 재미있다는 것이다. 행동수정은 부모와 교사에게 힘든 과제일 수 있다. 사회성 기술 그림 이야기는 창의적이고 재미있어서 아동이 대안적 행동을 배울 때처럼 긴장하지 않을 것이다. 긴장하지 않으면 더 잘 배우고 진보할 수 있다. 창의적이고 재미있게 그림 이야기를 만들며 즐기기 바란다.

### 새로운 기술을 위한 단계

새로운 기술 두 가지를 다음과 같이 과제 분석을 하여 아동에게 적합한 여러 기술로 제시할 수 있다. 각 단계는 필요에 따라 개별화하여 가능한 한 개별 아동에 맞게 친근하고 활용할 수 있도록 만든다.

#### 규칙을 지나치게 강조하지 말라!

- 다른 사람에게 무엇을 해야 하는지 말하지 말라. 다른 사람이 규칙을 지키게 하는 것이 우리가 할 일은 아니다.
  - 지켜야 할 규칙에 대해 말하거나 규칙을 따르지 않는다고 잔소리를 하면 그들이 피할지 모른다.
- 다른 사람에게 지켜야 할 규칙이 무엇인지 말해야 하는 예외적인 경우도 있다.
  - 교사나 책임자 혹은 다른 사람들에게 역할을 주는 경우
  - 사람들이 규칙이 무엇인지 묻는 경우
  - 사람들이 규칙을 어겨 다른 사람들이나 자기 자신이 위험에 처할 수 있는 경우

– 사람들이 당신을 괴롭혀서 '나'에 대해 말하거나 그들이 한 일을 어른들에게 말하는 경우

### 특정한 공포 다루기(새로운 생각 시도하기)

- 소리를 지르거나 뛰거나 숨지 말고 다른 사람에게 무섭다고 말하라.
- '이것을 하고 나면 괜찮아질 거야.' 하고 생각하라.
- 할 일을 간단하고 하기 쉬운 단계로 나누어라.
  – 새로운 음식을 먹는 것이 괴롭다면 우선 음식을 그냥 바라보기만 하라. 그런 다음 다른 사람들이 먹는 모습을 지켜보아라. 그리고 냄새를 맡고, 혀를 대 보고, 그런 다음 조금 먹어 보아라.
- 두려움을 잊고 진정할 수 있는 일을 찾아라.
  – 봉제 인형을 안고 있거나 심호흡을 하거나 책을 읽어라.
- 안정감을 느끼는 활동을 하면서 셋을 세고 각 단계를 통과하라.
- 두려움과 맞설 때마다 보상과 칭찬을 받아라.

### 분노 대처하기

- 거절 받아들이기, 실수 처리하기, 혹은 놀릴 때 대처하기 참고

### 변화가 있을 때 더 유연해지기

- 타협하기 참고

### 좋아하는 활동 그만두기

- 거절 받아들이기 참고

# PART TWO

# 의사소통과 관련된 기술

*Communication Related Skills*

## 너무 가까이 다가가지 않는다

대화를 할 때 지켜야 할 규칙 중 하나는 다른 사람과 적절한 거리를 두고 앉거나 서는 것이다. 너무 가까이 서 있거나 앉는 것은 '다른 사람의 공간을 침범하는 것' 이다.

- 다른 사람과 이야기할 때 적어도 팔 길이만큼 떨어져 있는다.
- 너무 가까이 다가가지 않는다.
  (엄마나 아빠, 가까운 친척과 이야기할 때는 가까이 다가가도 된다.)

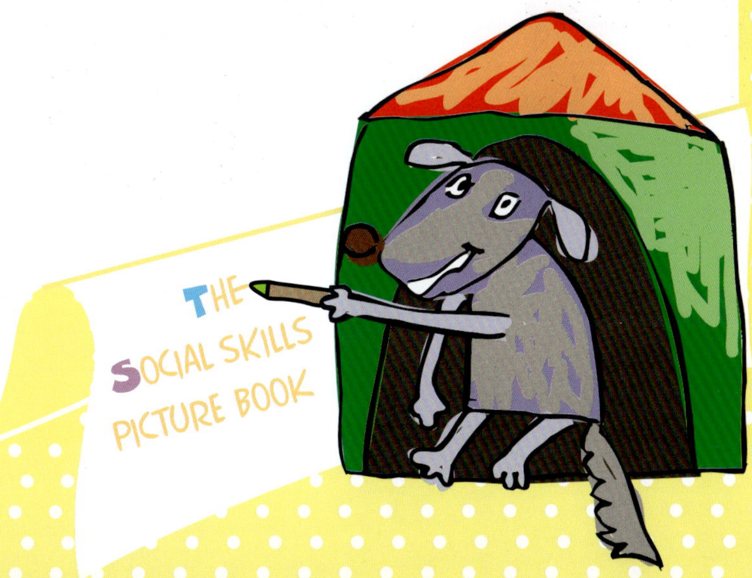

## 다른 아이들이나 어른들과 놀 때 너무 가까이 다가가지 않는다.

**좋은 방법**

이 친구는 팔 길이만큼 떨어져서 이야기한다.

**잘못된 방법**

이 친구는 너무 가까이 앉아 있다.
다른 사람의 공간을 침범하고 있다.

## 다른 사람에게 "안녕!" 하고 인사할 때 너무 가까이 다가가지 않는다.

**좋은 방법**

이 친구는 선생님과 팔 길이만큼 떨어져 있다.

**잘못된 방법**

이 친구는 선생님에게 너무 가까이 다가갔다.
선생님의 공간을 침범했다.

## 줄을 설 때 다른 사람에게 너무 가까이 다가가지 않는다.

**좋은 방법**

아이들이 조금씩 떨어져서 서 있다.

**잘못된 방법**

아이들끼리 서로 너무 가깝다.
그들은 다른 사람의 공간을 침범하고 있다.

**HINT**

가끔 복잡한 엘리베이터나 버스 혹은 지하철에서 어쩔 수 없이 다른 사람들과 가까이 있어야 할 때가 있다. 이런 경우는 괜찮다. 그러나 공간이 생기면 다른 사람과 조금 떨어져서 서 있어야 한다.

## 선생님과 이야기할 때 너무 가까이 다가가지 않는다.

**좋은 방법**

이 친구는 선생님과 팔 길이만큼 떨어져 있다.

**잘못된 방법**

아이들이 선생님에게 너무 가까이 다가갔다.
그들은 다른 사람의 공간을 침범했다.

## 듣는 자세

다른 사람이 말을 할 때 잘 듣는 것이 중요하다. 잘 듣는 것은 몸과 마음으로 듣는다는 뜻이다. 이 기술은 다른 사람의 말을 듣는 자세에 관한 것이다.

- 눈을 맞춘다.
- 손과 발을 움직이지 않는다. 조용히 있는다.
- 입을 다물고 있는다. 다른 사람이 말하고 있을 때는 말하지 않는다.

## 말하는 사람의 눈을 쳐다본다.

**좋은 방법**

친구들은 말하는 아이를 쳐다본다.

**잘못된 방법**

친구들은 말하는 아이를 쳐다보지 않는다.

HINT

말하는 사람을 향해 앉는 것이 좋다.

## 손과 발을 움직이지 않는다. 조용히 있는다. 돌아다니거나 움직이지 않는다.

**좋은 방법**

친구들이 조용히 있다.

**잘못된 방법**

친구들이 손과 발을 움직인다.

## 입을 다물고 있는다. 다른 사람이 말을 할 때 말하지 않는다.

**좋은 방법**

친구가 선생님 의자에 앉아서
이야기하는 동안 말하지 않는다.

**잘못된 방법**

친구가 이야기하는데 같이 말을 한다.

## 도움 청하기 I – 병뚜껑 여는 것 도와주세요

- 다른 사람이 말하고 있거나 바쁠 때 가끔 도와 달라고 하는 것은 괜찮다.

  도움, 정보 혹은 보호가 필요할 때

  위급할 때

  필요한 것이 있을 때

- 그 사람에게 다가가서, 그가 말을 하거나 어떤 일을 하고 있다면 잠시 기다린다.
- "죄송합니다."라고 말한다. 그런 다음 필요한 것을 부탁한다.
- 대답을 기다린다.
- 돌아오기 전에 "고맙습니다."라고 말한다.

## 도움이나 어떤 것이 필요할 때, 다른 사람이 하는 일을 방해해야 할지 생각한다.

이 친구는 과자 통을 열지 못해서 선생님에게 도와 달라고 말할 것이다.

## 도움을 청할 사람에게 다가가 잠시 기다린다. 잠시란 그 사람이 이야기를 멈출 때까지이다.

### 좋은 방법

이 친구는 선생님에게 다가가,
선생님이 대화를 멈추고 자기를 볼 때까지 기다린다.

### 잘못된 방법

이 친구는 선생님이 대화를 멈출 때까지 기다리지 않고
선생님의 옷을 잡아당겼다.

## “죄송합니다.”라고 말한다. 그런 다음 필요한 것을 부탁한다.

**좋은 방법**

이 친구는 “죄송합니다.”라고 말한 다음 도와 달라고 한다.

**잘못된 방법**

이 친구는 “죄송합니다.”라고 말하거나 도와 달라고 하지 않고 선생님의 옷을 잡아당겼다.

## 대답을 기다린다. 그런 다음 "고맙습니다."라고 말한다.

이 친구는 선생님이 병을 여는 것을 도와줄 때까지 기다렸다.

## 도움 청하기 II – 지퍼 올려 주세요

- 다른 사람이 말하고 있거나 바쁠 때 가끔 도와 달라고 하는 것은 괜찮다.
  도움, 정보 혹은 보호가 필요할 때
  위급할 때
  필요한 것이 있을 때
- 그 사람에게 다가가서, 그가 말을 하거나 어떤 일을 하고 있다면 잠시 기다린다.
- "죄송합니다."라고 말한다. 그런 다음 필요한 것을 부탁한다.
- 대답을 기다린다.
- 돌아오기 전에 "고맙습니다."라고 말한다.

## 도움이나 어떤 것이 필요할 때, 다른 사람이 하는 일을 방해해야 할지 생각한다.

이 친구는 지퍼를 올리지 못해서 선생님에게 도와 달라고 말할 것이다.

## 도움을 청할 사람에게 다가가 잠시 기다린다. 잠시란 그 사람이 이야기를 멈출 때까지이다.

**좋은 방법**

이 친구는 선생님에게 다가가,
선생님이 대화를 멈추고 자기를 볼 때까지 기다린다.

**잘못된 방법**

이 친구는 선생님이 대화를 멈출 때까지 기다리지 않고,
선생님이 자기를 보게 하려고 선생님의 옷을 잡아당겼다.

## "죄송합니다."라고 말한다. 그런 다음 필요한 것을 부탁한다.

**좋은 방법**

이 친구는 "죄송합니다."라고 말한 다음 도와 달라고 한다.

**잘못된 방법**

이 친구는 "죄송합니다."라고 말하지 않고 도와 달라며 선생님의 옷을 잡아당겼다.

## 대답을 기다린다. 그런 다음 "고맙습니다."라고 말한다.

이 친구는 선생님이 지퍼를 올려 줄 때까지 기다렸다.

## 도움 청하기 III – 또래에게 장난감 요구하기

- 다른 사람이 말하고 있거나 바쁠 때 가끔 도와 달라고 하는 것은 괜찮다.

  도움, 정보 혹은 보호가 필요할 때

  위급할 때

  필요한 것이 있을 때

- 그 친구에게 다가가서, 친구가 말을 하고 있거나 어떤 일을 하고 있다면 잠시 기다린다.

- "미안하지만…." 하고 말한다. 그런 다음 필요한 것을 부탁한다.

- 대답을 기다린다.

- 돌아오기 전에 "고마워."라고 말한다.

## 도움이나 어떤 것이 필요할 때, 다른 사람이 하는 일을 방해해야 할지 생각한다.

이 친구는 공룡을 가지고 놀고 싶다. 그는 여자 친구들을 방해할 이유가 있다.

## 친구에게 다가가서, 친구가 말을 하고 있거나 어떤 일을 하고 있다면 잠시 기다린다. 잠시란 친구가 이야기를 멈출 때까지이다.

### 좋은 방법

이 친구는 여자 친구에게 다가가,
친구가 놀기를 멈추고 자기를 볼 때까지 기다린다.

### 잘못된 방법

이 친구는 여자 친구가 노는 것을 멈출 때까지 기다리지 않고
여자 친구의 어깨를 잡아당겼다.

## "미안하지만…." 하고 말한다. 그런 다음 필요한 것을 부탁한다.

**좋은 방법**

이 친구는 "미안하지만…." 하고 말한 다음
공룡을 갖고 놀고 싶다고 한다.

**잘못된 방법**

이 친구는 "미안하지만…."이라고 말하거나
공룡을 갖고 놀고 싶다고 하지 않고 그냥 공룡을 집었다.

친구들의 반응을 기다린다. 그런 다음 “고마워.”라고 말한다.

이 친구는 여자 친구가 공룡을 줄 때까지 기다렸다.

## 인사하기

- 아는 사람을 만났을 때 "안녕하세요."라고 말하거나 인사하는 것은 다정하고 예의 바른 행동이다.
- 아침에 누군가를 처음 만났을 때는 "좋은 아침입니다." 하고 인사를 해야 한다.
- 복도에서 친구와 마주쳤을 때는 "안녕!" 하고 인사한다.
- 다른 사람과 헤어질 때는 "안녕히 가세요.", "안녕!" 혹은 "다음에 만나요." 하고 인사한다.

## 하루 중 누군가를 처음 만났을 때, "안녕하세요." 혹은 "안녕!"이라고 인사해야 한다.

학생들은 매일 선생님을 처음 만났을 때 "안녕하세요." 하고 인사한다.

H!NT

가끔은 새로 온 선생님이나 교장 선생님, 가게 점원 혹은 좋아하는 음식점에서 일하는 사람같이 잘 모르는 사람에게도 "안녕하세요." 하고 인사하는 것이 예의 바르고 다정한 행동이다. 매일 처음 볼 때만 "안녕하세요."라고 인사를 해야지, 볼 때마다 그렇게 인사하지 않는다.

## 아침에 누군가를 처음 만났을 때는 "안녕하세요." 하고 인사를 해야 한다.

### 좋은 방법

이 친구는 아침에 선생님을 처음 만나서
"안녕하세요." 하고 인사한다.

### 잘못된 방법

이 친구는 아침에 선생님을 처음 만났는데
아무 말도 하지 않는다.

HINT

다른 사람과 인사를 할 때는 웃으면서 눈을 쳐다본다.

## 복도에서 친구와 마주쳤을 때는 "안녕!" 하고 인사한다.

**좋은 방법**

복도에서 친구와 마주치면 "안녕!" 하고 인사한다.

**잘못된 방법**

복도에서 친구와 마주쳐도 인사를 하지 않는다.

**HINT**

다른 사람과 인사를 할 때는 눈을 쳐다보고 웃는다.
짧게 손을 흔드는 것도 좋다.

## 헤어질 때는 "안녕히 계세요.", "안녕!" 혹은 "또 만나요."라고 인사한다.

**좋은 방법**

이 친구는 집으로 가면서 "안녕히 계세요." 하고 인사한다.

**잘못된 방법**

이 친구는 집으로 가면서 선생님에게 인사하는 것을 잊었다.

## 헤어질 때는 "안녕히 가세요.", "안녕!" 혹은 "또 만나요."라고 인사한다.

### 좋은 방법

선생님이 집에 가려고 하자 아이들이
"안녕히 가세요.", "또 만나요." 하고 인사한다.

### 잘못된 방법

선생님이 집에 가려고 하는데 아이들은
선생님을 쳐다보지 않는다. 아무도 인사를 안 한다.

HINT

다른 사람이 갈 때는 눈을 쳐다보고 웃는다.

## 듣기(이야기하는 동안)

- 말하는 사람의 눈을 쳐다본다.
- 조용히 가만히 있는다.
- 대화 중에 말을 하고자 할 때는 먼저 잠시 기다린다. 잠시란 다른 사람이 말을 멈출 때까지이다.
- 다른 사람이 하는 이야기에 관심이 있다는 것을 보여 주기 위해 질문을 한다.

## 눈을 쳐다본다.

**좋은 방법**

친구들은 말을 하고 있는 아이를 쳐다본다.

**잘못된 방법**

친구들은 말을 하고 있는 아이를 쳐다보지 않고 교실을 둘러본다.

## 다른 사람이 말을 할 때는 가만히 듣는다.

**좋은 방법**

친구들은 자리에 조용히 앉아서
아이가 하는 말을 듣는다.

**잘못된 방법**

아이가 말을 하는 동안
친구들은 시끄럽게 소리를 내고 움직인다.

**HINT**

다른 사람의 말을 듣고 있다는 것을 보여 주기 위해
고개를 끄덕이거나 미소를 짓는 것이 좋다.

## 잠시 기다린다. 즉, 다른 사람이 말하고 있을 때는 말을 하지 않는다.

**좋은 방법**

친구가 공룡에 대해 이야기할 때 아무 말도 하지 않는다.

**잘못된 방법**

친구가 공룡에 대해 이야기하고 있는데 모두 다 같이 말을 한다.

## 보기 1 : 다른 사람이 하는 이야기에 관심이 있다는 것을 보여 주기 위해 질문을 한다.

**좋은 방법**

여자 친구는 잠시 기다렸다가 공룡에 대해 묻는다(무엇).

**잘못된 방법**

친구의 말을 잘 듣지 않고 공룡에 대해 묻지 않는다.

## 보기 2 : 다른 사람이 하는 이야기에 관심이 있다는 것을 보여 주기 위해 질문을 한다.

**좋은 방법**

여자 친구는 잠시 기다렸다가 공룡에 대해 묻는다(어디).

**잘못된 방법**

친구의 말을 잘 듣지 않고 공룡에 대해 묻지 않는다.

## 보기 3 : 다른 사람이 하는 이야기에 관심이 있다는 것을 보여 주기 위해 질문을 한다.

**좋은 방법**

남자 친구는 잠시 기다렸다가 공룡에 대해 묻는다(얼마나).

**잘못된 방법**

친구의 말을 잘 듣지 않고 공룡에 대해 묻지 않는다.

## 대화 시작하고 유지하기 I (현재)

대화는 여러 가지 방법으로 시작할 수 있다.
한 가지 방법은 지금 일어나고 있는 일에 대해 이야기하는 것이다.

- 누군가를 처음 만났을 때 인사를 한다(57쪽 '인사하기' 참조).

- 상대방이 하고 있는 일에 대해 질문을 한다.
  무엇을 먹고 있어요?
  무슨 놀이를 하고 있어요?
  무슨 책을 읽고 있어요?
  무엇을 하고 있어요?

- 상대방이 한 일에 대해 '누가, 무엇, 어디, 왜, 어떻게'를 사용하여 물어본다.

## 누군가를 처음 만났을 때 "안녕!" 혹은 "안녕하세요."라고 말한다.

HINT

57쪽의 '인사하기'를 본다. 눈을 쳐다보면서 웃어야 한다는 것을 기억한다.

## 보기 1 : 친구가 하고 있는 일에 대해 물어본다.

친구가 먹고 있을 때

상대방이 하고 있는 일에 대해 자세히 물어본다(누구, 무엇, 어디, 언제, 왜, 어떻게).

## 보기 2 : 친구가 하고 있는 일에 대해 물어본다.

친구가 놀고 있을 때

## 그 일에 대해 자세히 물어본다(누구, 무엇, 어디, 언제, 왜, 어떻게).

## 보기 3 : 친구가 하고 있는 일에 대해 물어본다.

친구가 책을 볼 때

## 어떤 것에 대해 자세히 물어본다(누구, 무엇, 어디, 언제, 왜, 어떻게).

## 보기 4 : 친구가 하고 있는 일에 대해 물어본다.

친구가 어떤 것을 갖고 있을 때

## 그것에 대해 자세히 물어본다(누구, 무엇, 어디, 언제, 왜, 어떻게).

## 대화 시작하고 유지하기 II (과거)

대화는 여러 가지 방법으로 시작할 수 있다. 한 가지 방법은 지난 일에 대해 말하는 것으로, 아침 일찍 일어난 일이나 며칠 전에 일어난 일에 대해 말한다.

- 하루 중에 누군가를 처음 만났을 때 인사를 한다(57쪽 '인사하기' 참조).

- 상대방이 한 일에 대해 질문을 한다.
  "오늘 뭐 했어요?" "오늘 뭐 하고 놀았니?"

  상대방은 이렇게 물어 올 수 있다.
  "오늘 뭐 봤어?" "지난 주말에 뭐 했니?" "오늘 학교에서 어떻게 지냈어?"

- '누구, 무엇, 어디, 왜, 어떻게'를 사용하여 보충 질문을 한다.

하루 중 누군가를 처음 만났을 때 "안녕!" 혹은 "안녕하세요.", "잘 지냈니?"라고 말한다.

HINT

눈을 맞추면서 미소를 지어야 한다는 것을 기억한다.
다른 사람에게 너무 가까이 다가가지 않고 한 발짝 떨어져 있는다.

## 상대방이 한 일에 대해 물어본다.

보충 질문을 한다(누구, 무엇, 어디, 언제, 왜, 어떻게를 사용한 질문).

## 보충 질문을 한다(누구, 무엇, 어디, 언제, 왜, 어떻게를 사용한 질문).

대화를 계속하기 위해 또 다른 질문을 한다(누구, 무엇, 어디, 언제, 왜, 어떻게를 사용한 질문).

![car icon] 보충 질문을 한다(누구, 무엇, 어디, 언제, 왜, 어떻게를 사용한 질문).

보충 질문을 한다(누구, 무엇, 어디, 언제, 왜, 어떻게를 사용한 질문).

보충 질문을 한다(누구, 무엇, 어디, 언제, 왜, 어떻게를 사용한 질문).

보충 질문을 한다(누구, 무엇, 어디, 언제, 왜, 어떻게를 사용한 질문).

## 보충 질문을 한다(누구, 무엇, 어디, 언제, 왜, 어떻게를 사용한 질문).

## 대화 끝내기

가끔 다른 사람과의 대화를 끝내고 싶을 때가 있다. 대화를 그만 하고 싶은 몇 가지 이유가 있을 것이다.

지겹다.

돌아갈 시간이다.

다른 사람과 이야기하고 싶거나 다른 것에 대해 말하고 싶다.

- 대화를 그만 하고 싶은지 생각한다.
- 적어도 한 가지 질문을 하고 상대방이 대답할 때까지 기다린다.
- "만나서 반가웠어. 그렇지만 나는 지금 해야 할 일이 있어. 다음에 보자."라고 말한다.

## 한 친구가 낚시에 대해 이야기한다.

## 대화를 그만 하고 싶은지 생각한다.

한 친구는 지겨워하고, 다른 친구는 집에 가야 할 시간이다. 그들은 모두 이야기를 그만 하고 싶어 한다.

HINT

누군가와 이야기를 할 때, 잠깐 쉬면서 다른 사람들이 내 이야기에 계속 관심을 보이는지 살핀다. '간단하게 말하기'를 참조한다.

## 적어도 한 가지 질문을 하고, 상대방이 대답할 때까지 기다린다.

### 좋은 방법

친구는 관심을 나타내기 위해 질문을 한다.

### 잘못된 방법

친구들은 관심이 있다는 것을 보여 주는 질문을 하지 않고 가 버린다.

HINT

질문을 하면 상대방이 좋아한다.

## "만나서 반가웠어. 그렇지만 나는 지금 해야 할 일이 있어. 다음에 보자."라고 말한다.

### 좋은 방법

친구는 왜 이야기를 그만 하고 헤어져야 하는지 설명한다.

### 잘못된 방법

친구들은 왜 가는지 이유를 설명하거나
인사를 하지 않고 그냥 간다.

"너랑 이야기하는 거 재미있었어. 그렇지만 나는 지금 집에 가야 해. 다음에 보자."라고 말해도 된다.

**좋은 방법**

친구는 왜 이야기를 그만 하고 인사를 해야 하는지 설명한다.

**잘못된 방법**

친구들은 왜 가는지 이유를 설명하거나 인사를 하지 않고 그냥 간다.

## 소개하기

- 가끔 모르는 사람을 만나야 할 때가 있다. 그때 그 사람에게 자신을 소개한다.
- 상대방이 말을 하고 있으면 말이 잠시 끊어질 때를 기다린다.
- 상대방에게 다가가 팔 길이만큼 떨어진 곳에 서서 눈을 쳐다본다.
- "내 이름은 ________예요, 이름이 뭐예요?"라고 묻고 대답을 기다린다.
- "만나서 반가워요."라고 말하면서 악수를 한다.

## 모르는 사람에게 자신을 소개할 수 있는 기회를 찾는다.

선생님이 새로운 학생을 교실로 데리고 온다. 아이들은 새로운 친구를 만나게 된다.

## 상대방이 말을 하고 있으면 말이 잠시 끊어질 때를 기다린다.

이 친구는 선생님이 말을 멈출 때까지 기다린다.

## 상대방에게 다가가 팔 길이만큼 떨어진 곳에 서서 눈을 쳐다본다.

**좋은 방법**

이 친구는 새로 온 친구에게 다가가 팔 길이만큼 떨어져서 그를 쳐다본다.

**잘못된 방법**

이 친구는 새로 온 친구를 쳐다보지 않는다.

**H!NT**

누군가를 바라보며 미소를 짓는 것은 그를 환영한다는 표시이다.

"내 이름은 __________야. 너는 이름이 뭐니?"라고 묻고 대답을 기다린다.

HINT

소개할 때 다른 사람의 눈을 쳐다봐야 한다는 것을 기억한다.

## "만나서 반가워."라고 말하면서 악수를 한다.

### 좋은 방법

이 친구는 팔 길이만큼 떨어져서 악수를 하며
"만나서 반가워."라고 말한다.

### 잘못된 방법

이 친구는 방금 만난 사람에게 너무 가까이 다가가
악수를 하지 않고 껴안는다.

HINT

오른손으로 악수를 한다. 손을 너무 세게 흔들거나 오랫동안 흔들지 않는다. 세 번 정도 흔드는 것이 적당하다. 나이가 같아도 잘 모르는 사람을 껴안는 것은 좋지 못한 행동이다.

## 말을 멈춰야 할 때 알기(간단하게 말하기)

- 다른 사람이 내 말에 관심이 있다는 것을 나타내는 표시를 안다.
- 다른 사람이 지겨워하거나 관심이 없는 것처럼 보인다면 "더 이야기해도 될까?" 하고 묻는다.
- 다른 사람이 더 듣고 싶어 하지 않는다면 이야기를 그만 하거나 "이제 무슨 이야기를 할까?" 하고 물어본다.

책을 보고 있는 애덤이 물고기에 대해 이야기한다. 옆에 있는 친구 폴이 관심을 보인다.

HINT

애덤이 책을 보는데 폴이 관심을 보인다.
폴은 애덤 쪽을 향해 앉아 있다.

## 다른 사람이 내 말에 관심이 있다는 것을 나타내는 표시를 안다.

**좋은 방법**

애덤은 폴이 자신의 이야기에 관심이 있는지 알아보기 위해 자주 말을 멈춘다.

**잘못된 방법**

애덤은 폴이 물고기에 관심이 있는지 알아보지 않고 계속해서 말을 한다.

HINT

폴이 지겨워하는지 아는 것이 중요하다. 애덤을 보지 않고 방 안을 둘러보는 폴의 얼굴 표정이 지겹다는 것을 보여 준다.

다른 사람이 지겨워하거나 관심이 없는 것처럼 보인다면 "더 이야기해도 될까?" 하고 물어본다.

**좋은 방법**

애덤은 폴이 지겨워한다는 것을 알고
물고기에 대해 더 이야기해도 되는지 묻는다.

**잘못된 방법**

애덤은 폴이 물고기에 관심이 있는지 알아보지 않고
계속해서 말을 한다.

## 다른 사람이 더 듣고 싶어 하지 않는다면 이야기를 그만 하거나 "이제 무슨 이야기를 할까?" 하고 물어본다.

**좋은 방법**

애덤은 폴에게 무엇에 대해 이야기하고 싶은지 물어본다.

**잘못된 방법**

애덤은 폴이 관심이 있는지 알아보지 않고 계속해서 말을 한다.

HINT

다른 주제로 바꾸고 싶지 않거나 상대방이 말하고 있는 것에 대해 말하고 싶지 않다면 타협을 한다.

# 놀이와 관련된 기술

Play Related Skills

## 놀자고 요청하기

- 놀 거리를 찾는다.
- 놀고 싶은 사람에게 다가간다.
- 그 사람이 나를 쳐다볼 때까지 기다린다.
- "같이 놀래?" 하고 물어본다.

## 놀 거리를 찾는다.

이 친구는 게임을 하고 싶다.

## 놀고 싶은 사람에게 다가간다.

게임 상자를 들고 다른 친구에게 다가간다.

## 친구가 자기를 쳐다볼 때까지 기다린다.

친구가 쳐다볼 때까지 기다린다.

다른 사람과 눈을 맞춰야 한다는 것을 기억한다.

## "같이 놀래?" 하고 물어본다.

HINT

다른 사람에게 같이 놀자고 할 때 미소를 지으면 더 다정하게 보인다. 함께 놀고 싶은 것을 친구에게 보여 준다.

## 놀이에 참여하기

- 누구와 놀고 싶은지 생각한다.
- 친구에게 다가가 옆에서 잠시 기다린다.
- 같이 놀 수 있는지 물어본다. “같이 놀아도 돼?” 하고 말한다.
- 친구가 “아니.”라고 말하면 다른 사람에게 놀자고 한다.

## 누구와 놀고 싶은지 생각한다.

친구들이 공놀이하는 것을 보니 같이 놀고 싶어진다.

## 친구에게 다가가 옆에서 잠시 기다린다.

같이 놀아도 되는지 물어보기 위해 친구들이 잠깐 멈출 때까지 기다린다.

## 같이 놀 수 있는지 물어본다. "같이 놀아도 돼?" 하고 말한다.

**좋은 방법**

친구에게 다가가 같이 놀 수 있는지 물어본다.

**잘못된 방법**

친구에게 물어보지 않고 공을 잡는다.

## 친구가 "아니."라고 말하면 다른 사람에게 놀자고 한다.

친구가 같이 놀려고 하지 않아서 다른 친구에게 놀자고 해야 한다.

## 친구가 "아니."라고 말하면 다른 친구에게 놀자고 한다.

**좋은 방법**

다른 친구에게 가서 같이 놀아도 되는지 물어본다.

**잘못된 방법**

친구가 "아니."라고 말하는데도 공을 들고 간다.

## 나누기

- 나눠 가져야 하는 이유에 대해 생각한다.

  사람들을 기분 좋게 한다.

  나눠 주는 것은 내가 그 사람을 좋아한다는 것을 보여 준다.

  친구들은 서로 나눠 갖는다.

- 가지고 있는 것을 나눈다.

- 내가 가지고 있는 것을 나눠 달라고 하면 나눠 준다.

## 나눠 가져야 하는 이유에 대해 생각한다.

선생님이 과자를 나누어 주면 다른 선생님과 친구는 기분이 좋아질 것이다.
그들은 가끔 음식을 나누어 먹는다.

## 가지고 있는 것을 나눈다.

**좋은 방법**

선생님이 과자를 나눠 준다.

**잘못된 방법**

선생님이 과자를 나눠 주지 않는다.

## 내가 가지고 있는 것을 나눠 달라고 하면 나눠 준다.

**좋은 방법**

다른 친구에게 자기 장난감을 보여 준다.

**잘못된 방법**

다른 친구에게 장난감을 보여 주지 않는다.

## 타협하기

- 다른 친구에게 무엇을 하고 싶은지 물어본다.

  "무슨 놀이 하고 싶어?" 하고 말한다. 그 친구의 대답을 듣는다.

- 자기가 하고 싶은 것을 다른 사람에게 말한다.

- 만약 다른 것이 하고 싶을 때는 타협을 한다.

  친구가 하고 싶은 것을 먼저 하게 하고 나서 내가 하고 싶은 것을 한다.

- 친구가 하고 싶은 것을 한다. 그런 다음 내가 하고 싶은 것을 한다.

친구에게 무엇을 하고 싶은지 물어본다. 대답을 기다린다.

자기가 하고 싶은 것을 다른 사람에게 말한다.

만약 다른 것이 하고 싶을 때는 타협을 한다. 친구가 하고 싶은 것을 먼저 하게 하고 나서 내가 하고 싶은 것을 한다.

**좋은 방법**

그들은 양보를 해서 사탕나라 게임을 먼저 하고
그다음에 탐험놀이를 한다.

**잘못된 방법**

그들은 서로 양보하지 않아서
무슨 놀이를 할지 결정하지 못한다.

## 친구가 하고 싶은 것을 한다. 그런 다음 내가 하고 싶은 것을 한다.

### 좋은 방법

그들은 양보를 해서 사탕나라 게임을 먼저 하고
그다음에 탐험놀이를 한다.

### 잘못된 방법

이 친구는 양보하지 않아서 같이 놀 사람이 없다.

## 놀 때 순서 지키기

다른 친구와 같이 놀 때, 혹은 여러 명과 놀 때는 누구나 놀이를 하고 싶다.
차례를 꼭 지켜야 하고, 다른 친구도 같이 놀 수 있게 해야 한다.

- 다른 사람이 놀이를 할 때는 기다린다.
- '기다리면 다음엔 내 차례가 돌아온다.' 하고 생각한다.
- 기다리면 다른 사람의 기분이 좋아지고 자기 차례가 돌아온다.

## 다른 친구가 놀이를 할 때는 기다린다.

폴이 야구를 하는 동안 샘과 애덤이 기다린다.

## '기다리면 다음엔 내 차례가 돌아온다.' 하고 생각한다.

### 좋은 방법

친구들은 기다리면 자기 차례가 돌아온다고 생각한다.

### 잘못된 방법

친구들은 자기 차례를 기다리지 않는다.
서로 야구 방망이를 차지하려고 한다.

## 기다리면 친구들의 기분이 좋아지고 내 차례가 돌아온다.

**좋은 방법**

조금 기다리면 샘의 차례가 된다.

**잘못된 방법**

아무도 기다리지 않아서 같이 놀지 못한다.

이제 샘의 차례가 되어 다른 친구들이 기다린다.

샘이 야구를 하는 동안 애덤과 폴이 기다린다.

## '기다리면 다음엔 내 차례가 돌아온다.' 하고 생각한다.

**좋은 방법**

친구들은 기다리면 차례가 돌아온다고 생각한다.

**잘못된 방법**

애덤은 차례를 기다리지 않고 야구 방망이를 뺏으려 한다.

## 기다리면 친구들의 기분이 좋아지고 내 차례가 돌아온다.

**좋은 방법**

조금 기다리면 애덤의 차례가 된다.

**잘못된 방법**

애덤은 차례를 기다리지 않아서 야구를 할 수 없을 것이다.

## 이제 애덤의 차례가 되어 다른 친구들이 기다린다.

애덤이 야구를 하는 동안 폴과 샘이 기다린다.

## 서로서로 차례를 지켰기 때문에 기분이 좋다.

그들은 친구이기 때문에 게임을 하고 나면 악수를 한다.

HINT

악수하는 대신 '하이 파이브'를 하거나 "재미있었어."라고 말하기도 한다.

## 게임하기

- 게임하는 방법에 대해 물어본다.

  "이 게임은 어떻게 하는 거야?" 하고 말한다.

- 누가 먼저 할지 정한다.
  - 다른 친구에게 먼저 하라고 한다. "먼저 해."라고 말한다.
  - 두 명 이상이 같이 할 때는 '가위바위보'로 누가 먼저 할 것인지 정할 수 있다.
  - 주사위를 굴릴 수도 있다. 주사위를 굴려서 높은 숫자가 나온 사람이 먼저 한다. 둘이서 할 때는 동전을 던지거나 주사위를 굴릴 수 있다.
  - '홀짝놀이'를 할 수도 있다.

- 차례를 지킨다.

선생님이 친구들에게 잡기놀이를 할 것인지 물어본다.

## 어떻게 하는지 물어본다.

아이들은 게임을 하는 방법을 물어보고 선생님은 설명을 한다.

## 누가 먼저 할 것인지 정한다.

모든 아이들이 먼저 하고 싶어 한다.
그들은 누가 먼저 할지 정하는 좋은 방법을 찾는다.

## 누가 먼저 할지 정한다.

아이들은 '손가락 내기'를 해서 누가 먼저 할지를 정한다.
셋을 세고 나서 손가락을 하나 혹은 두 개 내민다.
손가락 개수가 다른 아이가 먼저 하게 된다.
손가락 개수가 같으면 한 사람을 뽑을 때까지 계속한다.

## 차례를 지킨다.

아이들은 차례대로 술래가 된다.

## 놀이에서 졌을 때

친구와 게임을 하다 보면 이기기도 하고 지기도 한다. 졌을 때는 기분이 좋지 않다. 그래서 화가 날지도 모른다. 게임에서 지면 화가 나거나 속상할 수 있으므로, 게임에서 졌을 때 어떻게 해야 하는지 아는 것이 중요하다. 이 책이 도움이 될 것이다.

- '이건 게임일 뿐이야. 다른 게임도 할 수 있어.' 하고 생각한다.
- '게임에서 져도 화를 내지 않으면 내가 이기는 거야.' 하고 생각한다.
- "재미있었어." 하고 말한다.

존과 필이 틱택토 게임을 하고 있다.

존이 게임에서 졌다.

## '이건 게임일 뿐이야. 다른 게임도 할 수 있어.' 하고 생각한다.

**좋은 방법**

존은 단지 게임일 뿐이라는 것을 안다.
그래서 다시 할 것이다.

**잘못된 방법**

존은 다시 할 수 있다고 생각하지 못해서
화가 나고 속상하다.

## '게임에서 져도 화를 내지 않으면 내가 이기는 거야.' 하고 생각한다.

**좋은 방법**

존은 화를 내지 않으면 친구를 이길 수 있다는 것을 안다.

**잘못된 방법**

존은 흥분하고 화를 낸다.

## "재미있었어." 하고 말한다.

**좋은 방법**

존은 흥분하지 않고 "재미있었어, 필." 하고 말한다.

**잘못된 방법**

존은 계속 화를 내다가 친구를 잃을지도 모른다.

HINT

친구가 흥분하지 않고 조용히 있도록 도와주는 방법은 161쪽의 '진정하기'를 참조한다.

## 존이 화를 내지 않는다면 필과 존은 친구로 지내고 다시 같이 논다.

**좋은 방법**

존이 화를 내지 않아서 필은 다시 존과 놀고 싶다.

**잘못된 방법**

존은 게임에서 지면 화를 내기 때문에
필은 존과 다시는 놀고 싶지 않다.

# 감정과 관련된 기술

*Emotion Related Skills*

## 진정하기

가끔 화가 나거나, 슬프고, 불안하며, 혹은 다른 여러 가지 이유로 불편한 감정을 느끼게 되는 일이 있다. 이 과제를 통하여 이러한 상황이 일어났을 때 침착해지는 방법을 배울 수 있다.

- 멈추어 서서 10까지 센다.

  1…2…3…4…5…6…7…8…9…10

- 심호흡을 세 번 한다.

- 기분이 좋아지는 일을 한다.

  그림을 그리거나, 게임을 하거나, 텔레비전을 보거나, 음악을 듣는다.

- 다른 사람에게 기분을 말한다.

  나는 슬퍼. 왜냐하면….

  나는 화가 나. 왜냐하면….

이 친구는 잘못을 하여 의자에 앉으라는 지시를 받는다.

이 친구는 선생님이 싫어하는 일을 하게 해서 속상하다. 그는 앉으라는 말을 들어서 화가 나기도 한다.

## 이 친구는 조용히 있으려고 한다. 그래서 가만히 앉아 10까지 센다.

**좋은 방법**

이 친구는 가만히 앉아서 10까지 센다.

**잘못된 방법**

이 친구는 조용히 있지 않고 계속 화를 낸다.

## 심호흡을 세 번 한다.

**좋은 방법**

이 친구는 심호흡을 세 번 한다.

**잘못된 방법**

이 친구는 계속 화를 내고 짜증을 부린다.

## 기분이 좋아지는 일을 한다.

**좋은 방법**

이 친구는 그림을 그렸더니 기분이 좋아진다.

**잘못된 방법**

이 친구는 계속 속상해하고 화를 낸다.

## 다른 사람에게 기분을 말한다.

**좋은 방법**

이 친구는 다른 친구에게 기분을 말한다.

**잘못된 방법**

이 친구는 진정하려고 아무 말도 하지 않는다.
그는 여전히 속상하고 화가 난다.

## 다른 사람의 감정 공감하기

다른 사람의 감정이 나와 같을 때도 있고 다를 때도 있다. 다른 사람의 감정을 알고 잘 이해하면 '생각이 깊다' 는 말을 듣는다. 이해하는 것은 좋은 마음가짐이고, 친구가 생기고 친해지게 된다.

- 다른 사람의 행동에서 슬프거나, 화가 나거나, 도움이 필요하다는 표현을 찾는다.

  다른 사람의 얼굴을 본다. 찡그리거나 울고 있는가? 자세를 본다. 의자에 푹 파묻혀 있는가? 책상에 얼굴을 묻고 있는가? 손으로 귀를 막고 있는가?

- "괜찮아?" 하고 물어본 다음 "무슨 일 있어?" 하고 물어본다.
- 도울 수 있는지 물어본다. "내가 도와줄까?" 하고 말한다.
- 상대방이 "그래."라고 말하면 도와준다.

## 보기 1 : 이 친구는 숙제가 어려워서 화가 나기 시작한다.

## 다른 사람의 행동에서 슬프거나, 화가 나거나, 도움이 필요하다는 표현을 찾는다.

HINT

이 친구에게는 문제가 있다. 그는 턱을 괴고 앉아서 눈은 아래를 본다. 입 꼬리가 내려가 있고 얼굴을 찡그린다. 그는 다른 사람과 말도 안 하고 아무것도 하지 않는다.

## "괜찮아? 무슨 일 있어?" 하고 물어본다.

## 도울 수 있는지 물어본다.

## 친구가 "그래."라고 말하면 도와준다.

친구는 숙제하는 것을 도와준다.

이 친구는 기분이 좋아지고, 도와준 사람을 좋아하게 된다.

보기 2 : 이 친구는 넘어져 있는데 다친 것 같다.

## 다른 사람의 행동에서 슬프거나, 화가 나거나, 도움이 필요하다는 표현을 찾는다.

**HINT**

이 친구는 도움이 필요한 것 같아 보인다. 그는 바닥에 누워 어깨를 잡고 있다. 얼굴 표정이 아픈 것 같다.

"괜찮아? 무슨 일이야?" 하고 물어본다.

## 도울 수 있는지 물어본다.

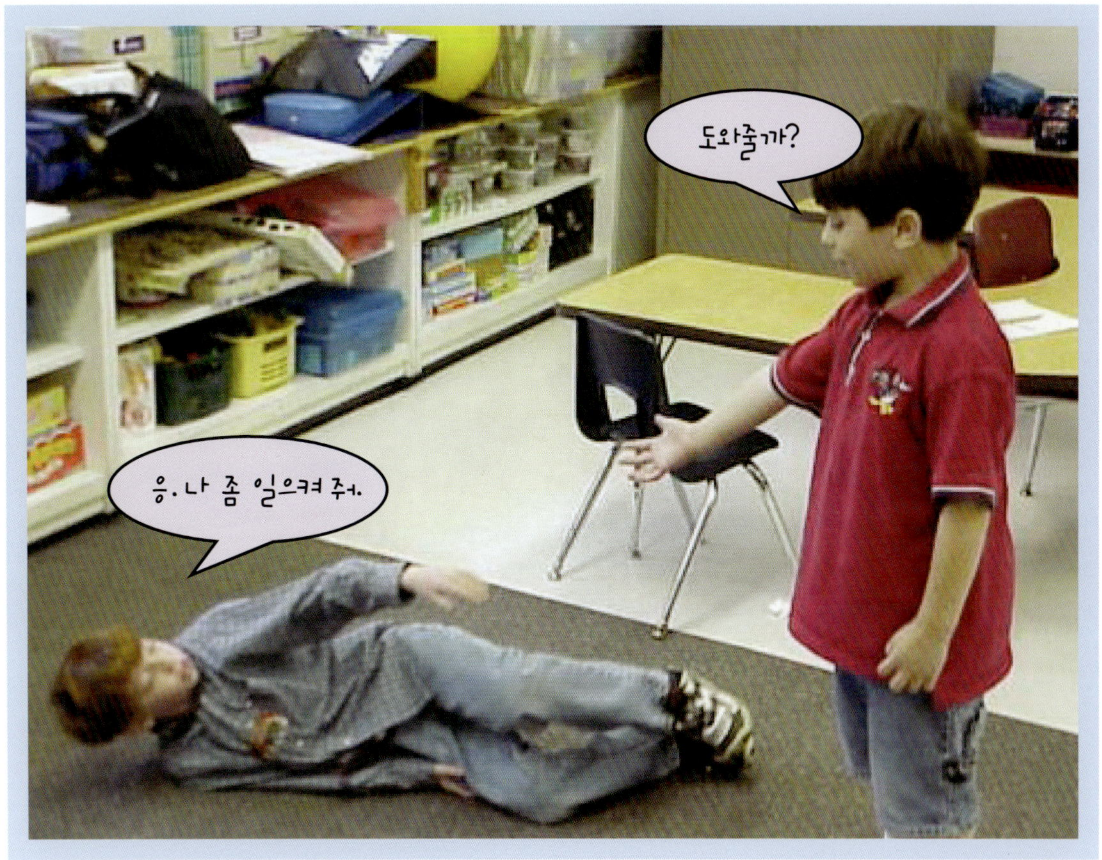

## 상대방이 "그래."라고 말하면 도와준다.

이 친구는 넘어진 친구를 바닥에서 일으켜 주었다.

## 보기 3 : 이 친구는 사탕을 바닥에 떨어뜨려서 속상하다.

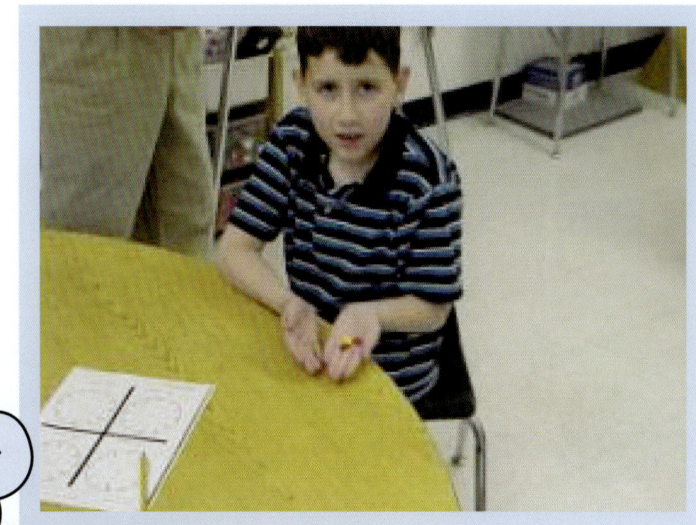

## 다른 사람의 행동에서 속상하거나, 화가 나거나, 도움이 필요하다는 표현을 찾는다.

친구의 행동을 통해서 알 수 있다. 그는 바닥을 보면서 손으로 얼굴을 받치고 있다. 바닥에 있는 뭔가를 가리킨다. 입 꼬리가 밑으로 내려가 있다. 기분이 좋아 보이지 않는다.

"괜찮아? 무슨 일이야?" 하고 물어본다.

## 도울 수 있는지 물어본다.

## 상대방이 "그래."라고 말하면 도와준다.

이 친구는 사탕을 떨어뜨린 친구에게 사탕을 갖다 준다.

## 거절 받아들이기

- 내가 어떤 것을 요구할 때, 가끔 선생님과 부모님은 "안 돼."라고 말한다.

  "엄마, 과자 먹어도 돼요?"

  "아니, 곧 저녁 먹을 시간이기 때문에 안 돼."

- "안 돼."라고 할 때는 "알았어요."라고 하면서 받아들이고 화를 내지 않는다.

  가끔 이렇게 하는 것이 쉽지 않을 때도 있다. 특히 정말로 하고 싶을 때는 더 힘들다.

- 내가 화를 내지 않고 "안 돼."를 받아들이면 다른 사람들이 나를 좋게 생각한다.

  그 사람은 나중에 내가 원하는 것을 줄 수도 있고, 또는 나중에 내가 원하는 것을 하게 해 주기도 한다.

* 화가 나면 161쪽의 '진정하기'를 참조한다.

## 내가 어떤 것을 요구할 때, 사람들은 가끔 "안 돼."라고 한다.

아이가 게임을 하겠다고 하자, 선생님이 "안 돼."라고 하면서 과제를 먼저 하라고 한다.

## "안돼."라고 할 때는 "알았어요."라고 하면서 받아들이고 화를 내지 않는다.

### 좋은 방법

이 친구는 "알았어요."라고 말하고 화를 내지 않는다.
그는 나중에 게임을 할 수 있다는 것을 안다.

### 잘못된 방법

이 친구는 화를 내면서 "안 돼."라는 말을 받아들이지 않는다.

내가 "안 돼."를 받아들이면 상대방은 기분이 좋아진다. 그 사람은 다음에 내가 원하는 것을 하게 해 줄 수도 있다.

## 좋은 방법

이 친구는 과제를 끝냈기 때문에 이제 게임을 한다.

## 잘못된 방법

친구는 "안 돼."라는 말을 받아들이지 않고 기다리지 않았기 때문에 여전히 게임을 할 수 없다.

## 실수 처리하기

누구나 실수를 한다. 우리는 학교와 집에서, 또 식당이나 동네에서도 실수를 한다. 대부분 숫자를 잘못 더하는 것같이 작은 실수를 하지만, 가끔은 형의 장난감을 부수거나 전등을 깨뜨리거나 거짓말을 하는 것 같은 큰 실수를 하기도 한다. 실수를 하지 않고 완벽해지기는 불가능하다. 실수를 통해 배우는 것이 중요하다.

- "실수하는 것은 괜찮아. 그러면서 배우는 거야."라고 스스로에게 말한다.
- 실수한 일을 다시 한다.
- 필요하다면 도와 달라고 한다.
- 실수를 통해 잘 배웠다고 스스로에게 말한다.

선생님이 수학 문제를 풀라고 한다.

## 문제를 풀려고 노력한다.

## 문제를 풀면서 실수를 한다.

## "실수하는 것은 괜찮아. 그러면서 배우는 거야."라고 스스로에게 말한다.

### 좋은 방법

이 친구는 실수를 하면서 배운다는 것을 안다.

### 잘못된 방법

이 친구는 실수하는 것이 나쁘다고 생각하기 때문에 긴장을 한다.

## 다시 시도한다.

**좋은 방법**

이 친구는 다시 문제를 푼다. 그는 잘하고 싶다.

**잘못된 방법**

이 친구는 너무 화가 나서 그만두고 싶다.

HINT

어떤 일을 아주 여러 번 해야 할 때도 있다.
계속 노력하고 포기하지 않는 것이 중요하다.

## 필요하다면 도와 달라고 한다.

**좋은 방법**

이 친구는 잘 못하기 때문에 화를 내지 않고
문제 푸는 것을 도와 달라고 한다.

**잘못된 방법**

이 친구는 도와 달라고 하지 않고 화를 낸다.

## 선생님이 도와준다.

## 실수를 통해 잘 배웠다고 스스로에게 말한다.

## 새로운 것 시도하기

새로운 일을 해 보는 것은 멋지다. 새로운 음식, 게임, 운동을 시도해 보거나 공원에서 다른 방법으로 걸어 볼 수도 있다. 가끔은 새로운 일을 하는 것이 좋지만 그렇지 않을 때도 있다. 그럴 수 있다. 시도해 보는 것이 중요하다.

- 새로운 일을 하는 것이 두려우면 다른 사람에게 말한다.

  "처음 몇 번 할 때는 두렵기도 해. 그렇지만 하고 나면 기분이 좋아질 거야."라고 스스로에게 말한다.

- 좋아하는 것을 하면서 긴장을 푼다.
- 다른 사람이 하는 모습을 지켜본다.
- 다른 사람에게 어떻게 하는지 설명해 달라고 한다.
- 혼자 해 본다.

## 친구들과 놀고 싶지만 새로운 게임을 하는 게 두렵다.

HINT

실수하는 것이 두려우면 191쪽의 '실수 처리하기'를 참조한다.

## 새로운 일을 하는 것이 두려우면 다른 사람에게 말한다.

이 친구는 선생님에게 자기 감정을 이야기한다.

"두려운 건 괜찮아. 하고 나면 좋아질 거야."라고 스스로에게 말한다.

HINT

이 친구는 조금 두렵지만 용기를 내어 게임을 한다.

## 좋아하는 것을 하면서 긴장을 푼다.

이 친구는 긴장을 풀기 위해 책을 읽는다.

## 다른 친구들이 게임하는 것을 지켜본다. 잘 모르는 것이 있으면 질문을 한다.

이 친구는 기분이 나아질 때까지 다른 친구들이 게임하는 것을 지켜본다.
그는 게임에 대해서 물어본다.

## 게임을 시도해 본다.

친구들과 게임을 한다.

## 새로운 것을 할 때는 기분이 좋다.

## 놀릴 때 대처하기

- 나를 놀리는 것인지 물어본다.
- 친구가 놀린다면 큰 소리로 그만 하라고 말한다.
- 계속 놀리면 어떤 말을 해도 신경 쓰지 않겠다고 말한다.
- 계속 놀리면 그 친구를 무시하거나 지나친다.
- 계속 놀리면 어른에게 말한다.

## 한 친구가 신발을 보고 놀린다.

HINT

어떤 놀림은 단순히 장난이지만 어떤 놀림은 마음을 상하게 한다.
그 차이를 이해하지 못하면 엄마나 아빠, 선생님에게 설명해 달라고 한다.

## 나를 놀리는 것인지 물어본다.

## 큰 소리로 그만 하라고 말한다.

HINT

상대방과 눈을 맞추고 그만 하라는 것을 알려주기 위해 팔을 쭉 뻗어 손을 내민다.

계속 놀리면 어떤 말을 해도 신경 쓰지 않겠다고 말한다.

## 계속 놀리면 그 친구를 무시하거나 지나친다.

HINT

이 상황에서는 상대방에게 등을 돌려도 된다.

## 계속 놀리면 어른에게 말한다.

## 어려운 일 시도하기

어떤 일은 쉽지만, 또 어떤 일은 어렵다. 어려운 일이 학교에서 배우는 과목 중 하나이거나, 새로운 게임을 배우는 것 혹은 새로운 운동을 배우거나 바깥에서 놀이를 하는 것일 수도 있다. 어떤 일이 어렵더라도 시도하는 것은 중요하다. 이것을 끈기라고 한다.

- 어려운 일을 시도한다.
- 필요하면 도와 달라고 한다.
- 흥분되기 시작하면 조금 쉬게 해 달라고 한다.
- 하던 일을 한다. 다시 시도한다.

## 어려운 일을 시도한다.

선생님이 과제를 하라고 한다. 이 친구는 과제를 하려고 한다.

## 필요하면 도와 달라고 한다.

**좋은 방법**

이 친구는 어려울 때 도와 달라고 한다.

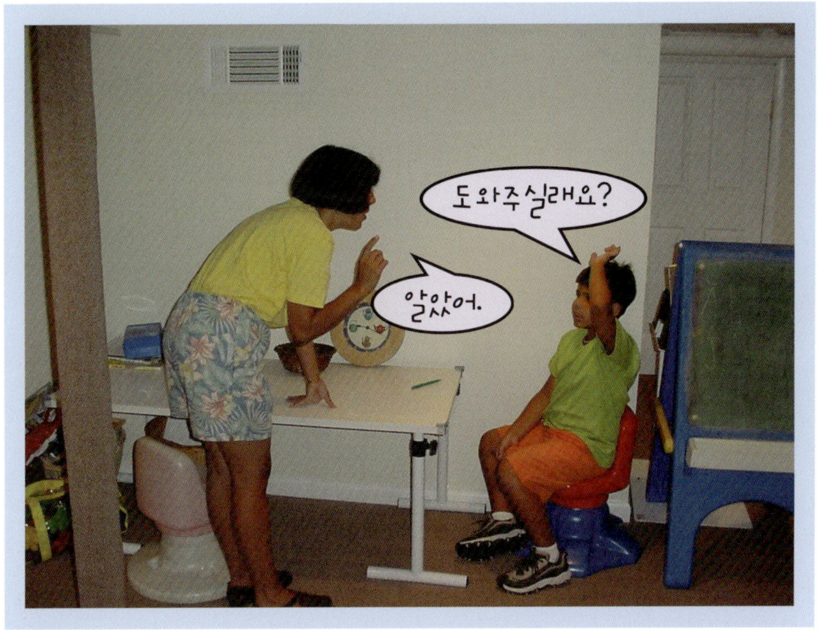


**잘못된 방법**

이 친구는 과제를 잘 못하고 있다.
그는 화가 난다.

## 흥분되기 시작하면 조금 쉬게 해 달라고 한다.

**좋은 방법**

이 친구는 흥분이 되자 쉬게 해 달라고 부탁한다.

**잘못된 방법**

이 친구는 화가 나서 과제를 찢어 버린다.

## 5분 동안 쉰다.

HINT

흥분을 가라앉히기 위해 잠깐 쉰다. 책을 읽거나, 좋아하는 장난감을 가지고 놀거나, 음악을 듣거나, 심호흡을 하는 등 진정될 수 있는 일을 한다.

## 과제를 다시 한다.

이 친구는 진정이 되어 다시 과제를 할 준비가 된다.

## 과제를 끝냈다. 이제 놀 수 있다.

과제가 어려웠지만 그는 다 해냈다.

HINT

집에서 어려운 일을 하거나 새로운 것을 배울 때도 이렇게 한다.
계속 노력하면 어렵더라도 마침내 끝낼 수 있어서 기분이 좋아진다.

# 참고문헌


Baron-Cohen, S. (1995). *Mindblindness.* Cambridge, MA: The MIT Press.

Durand, V. M. (1990). *Severe behavior problems: A functional communication training approach.* New York: Guilford Press.

Frith, U. (1989). *Autism: Explaining the enigma.* Oxford, England: Blackwell.

Gray, C. (1993). *The new social story book–illustrated edition.* Arlington, TX: Future Horizons, Inc.

Grodon, J. & LeVasseur, P. (1995). *Cognitive picture rehearsal: A system to teach self-control.* In K.A. Quill (Ed.) (1995), *Teaching Children with Autism.* Albany, NY: Delmar Publishing.

Hobson, R. P. (1996). *Autism and the development of the mind.* Mahwah, NJ: Lawrence Erlbaum Associates.

McGinnis, E. & Goldstein, A. (1997). *Skillstreaming the elementary school child: New strategies and perspectives for teaching prosocial skills.* Champaign, IL: Research Press.

Quill, K. A. (Ed.) (1995), *Teaching children with autism.* Albany, NY: Delmar Publishing.

지은이_ 제드 베이커(Jed Baker)

미국 뉴욕에서 태어난 제드 베이커는 뉴욕주립대학교(Albany)에서 임상심리학으로 석사 학위와 박사 학위를 받았으며, 현재 뉴저지 주의 메이플우드에서 살고 있다. 베이커 박사는 사회성 기술 훈련 프로젝트, 사회성 · 의사소통 장애가 있는 학생들의 가족을 대상으로 가족치료와 상담 서비스를 제공하는 곳의 책임자이며, 뉴저지의 밀번 교육청에서 실시하는 사회성 기술 훈련 프로그램의 책임자이기도 하다. 그는 아스퍼거 증후군 교육 네트워크(ASPEN)의 전문가로서 아스퍼거 증후군 아동들의 부모와 정보를 교환하고 있다.

옮긴이_ 이정미

한양대학교 사회학과를 졸업하고 대구대학교 대학원 특수교육학과에서 석사와 박사 학위를 받았다. 울산 열린교실 어린이집 원장과 울산대학교 연구교수, 웨스턴오리건 대학교 교환교수를 역임하였으며, 현재 가톨릭상지대학 유아특수재활과 교수로 재직 중이다. 『자폐 아동을 위한 보육과 교육』을 저술하였고, 역서로 『자폐 아동의 하기, 보기, 듣기 그리고 말하기』, 『자폐증과 아스퍼거 증후군을 위한 파워카드 기법』이 있다.